# Happy Shabby

Farbenfrohe Ideen für Möbel & Wohnraumaccessoires

*Vorwort* ............................. 5

*Grundlagen* ...................... 6

Lacke und Farben.....................8
Werkzeuge und Hilfsmittel................. 10
Dekore und Verzierungen ................. 12
Möbelstücke und Accessoires
aus Holz ....................... 14
Patinieren ...................... 16
Abschleifen von Oberflächen.......... 17
Stempel selbst herstellen ............. 18
Arbeiten mit Beton.....................20

*Inspirationen*..............................22

Pinnwände ..................... 24
Kleine Holzbank.................... 26
Nähutensilo ..................... 28
Garderobe ..................... 30
Bastelstation ..................... 32
Holzhocker..................... 34
Nähkästchen..................... 36
Bunte Rollkiste ..................... 38

Sekretär ..................... 40
Kreuzstichhocker ..................... 42
Holzschilder ..................... 44
Kerzenständer ..................... 46
Papierlampe ..................... 48
Gipsherz im Rahmen ..................... 50
Porzellangeschirr ..................... 52
Küchentablett ..................... 54
Windlichter aus Beton..................... 56
Blumenvasen..................... 58
Muffins aus Filz ..................... 60
Keksdosen ..................... 62
Tischsets..................... 64
Schneiderpuppe ..................... 66
Nadelkissen ..................... 68
Stoffbox ..................... 70
Leuchtelemente..................... 72
Windlichter ..................... 74
Metallboxen ..................... 76

*Vorlagen*....................................... 78

*Autorin und Impressum* ............. 80

## Vorwort

Der Begriff „Shabby Chic" beschwört Bilder herauf: von weißen oder pastellfarbenen Möbeln und Wohnaccessoires. Ich habe diesem Trend kurzerhand einen neuen Anstrich verpasst und nun erstrahlen Möbel und Accessoires in kräftigen, fröhlichen Farben. Durch die typischen Gebrauchsspuren erhalten sie den gemütlichen Charme, wie wir ihn vom Shabby Chic her kennen und lieben.

Ob Sie alte Möbel und Wohnaccessoires vom Flohmarkt oder neue Dinge aus dem Möbelhaus umstylen möchten, mit meinen ausführlichen Step-by-Step-Anleitungen ist dies auch für Anfänger kein Problem.

Mit Mut zur Farbe wird aus jedem Objekt schnell und einfach ein fröhlich bunter Eyecatcher. Happy Shabby lässt sich übrigens auch in den „traditionellen" Shabby Chic-Stil perfekt integrieren.

In diesem Buch finden Sie Praktisches für Nähfeen, Ordnungshelfer für wichtige Notizen und Briefe, bunte und fröhliche Sitzgelegenheiten, leuchtende Wandobjekte, spitzenmäßig verziertes Porzellan und noch viele weitere Ideen.

Lassen Sie sich durch mein Buch inspirieren und halten Sie auf Flohmärkten und in Möbelhäusern stets die Augen offen nach geeigneten Lieblingsstücken, die nur auf ein bisschen neue Farbe warten.

Ich wünsche Ihnen ganz viel Spaß dabei und stets gutes Gelingen.

Ihre

Patricia Morgenthaler

# Grundlagen

Eine Macke hier, eine Schramme dort – typisch Shabby Chic! Doch die wie zufällig wirkenden Gebrauchsspuren stammen meist nicht aus längst vergangenen Tagen, sondern sind mit Schleifmaschine, Pinsel und Co. selbst in jüngster Vergangenheit angebracht worden. Auch im bunten Happy Shabby sind diese kleinen Schrammen erwünscht, und das unabhängig vom Material. Nicht nur Holz, sondern auch Stoff und Papier erhalten durch bestimmte Techniken ihr charmantes Aussehen.

In diesem Kapitel werden die wichtigsten Werkzeuge und Hilfsmittel vorgestellt, die Sie brauchen, um neue Möbel und Accessoires in kleine, unverwechselbare Schätze zu verwandeln. Alle notwendigen Techniken werden Schritt für Schritt erklärt. Ob Holzbank oder Blumenvase – die einfachsten Dinge bekommen mit etwas Farbe, der richtigen Technik und viel Liebe zum Detail ein neues Aussehen im Stil des Happy Shabby.

# Lacke und Farben

## Hinweise

**Nehmen Sie tiefe Papp- oder Plastikteller, um Farben anzurühren oder mit dem Pinsel aufzunehmen. So lässt sich die Farbe besser dosieren.**

**Streifen Sie die Pinsel nicht am Rand der Lackdosen ab, da sich sonst die Deckel oft nicht mehr richtig schließen lassen. Kleben Sie einfach einen Malerkreppstreifen quer über die Öffnung der Dose und streifen Sie daran die überschüssige Farbe ab. So halten Sie den Rand sauber!**

**Lasuren** sind Farben, die die Maserung des Holzes noch durchscheinen lassen. Sie können Lasuren auf Wasserbasis oder lösungsmittelhaltige Lacklasuren verwenden.

**Klarlack** ist ein transparenter, lösungsmittelhaltiger Lack und in verschiedenen Glanzgraden erhältlich: hochglänzend, seidenglänzend und matt. Sie können ihn z. B. verwenden, um Acrylfarbe wetterbeständig zu machen.

**Patina-Medium** erzeugt eine künstliche Alterung. Patina-Medium auf Acrylbasis erinnert von der Konsistenz an Acrylfarbe. Es kann bei Bedarf mit Wasser verdünnt werden. Patina-Medium auf Ölbasis gibt es bereits fertig gemischt oder als Set aus Öl und Acrylfarbe, die miteinander vermischt werden müssen. Außerdem gibt es Patina in flüssiger Form, die sich wie eine Lasur verarbeiten lässt.

**Acrylfarben** erzielen unverdünnt einen deckenden Farbauftrag. Wenn Sie die Farbe mit Wasser verdünnen, ergibt sich hingegen ein lasierender Farbauftrag. Sie eignen sich hervorragend zum Grundieren sowie zum Stempeln, Schablonieren und Aufmalen von Details.

**Weiche Flachpinsel** in verschiedenen Größen sind ideal geeignet, um Farben, Lacke und Lasuren aufzutragen: breite Pinsel für große Flächen, schmale für kleine Flächen und Kanten. Mit dem Malerkreppband lassen sich Stellen abkleben, die nicht mit Farbe bedeckt werden sollen – zum Beispiel Kanten.

**Buntlacke** erzielen einen deckenden Farbauftrag und schützen zugleich das Holz. Mit der Sprühdose lässt sich der Lack auch auf unebene Flächen, wie z. B. bei Korbwaren, aufbringen. Die Lacke werden in zwei Kategorien unterschieden: Acryllacke und Kunstharzlacke. Acryllacke sind wasserverdünnbar und geruchsarm. Kunstharzlacke (Alkydlacke) basieren auf Leinöl und sind als Lacke für den Innen- und für den Außenbereich, für Holz und Metall erhältlich. Es gibt sie in hochglänzend, seidenglänzend und matt.

### Hinweise

**Wenn Sie ein Streifenmuster erzielen möchten, kleben Sie die Oberfläche vor dem Anstreichen einfach in gleichmäßigen Abständen mit dem Malerkreppband ab.**

**Wenn Sie mit lösungsmittelhaltigen Lacken arbeiten, waschen Sie die Pinsel am besten mit Terpentin oder mit einem Pinselreiniger aus.**

# Werkzeuge und Hilfsmittel

Mit dem **Heißluftföhn** können dicke Lackschichten abgelöst und mithilfe eines Malerspachtels abgetragen werden. Zum Auffangen der entfernten, heißen Lackschichten halten Sie am besten eine Metallschüssel bereit.

**Abbeizer** sind chemische Mittel zum Entfernen alter Farbaufträge. Sie werden als Pulver, Paste oder in flüssiger Form angeboten. Lösungsmittelhaltige Abbeizer sind für alle normalen Dispersionsfarben, Speziallacke, Alkydharzlacke und Acryllacke geeignet. Alkalische Abbeizer oder Laugen wirken nur auf Öllacken und Alkydharzlacken – Acryllacke auf Wasserbasis und Dispersionsfarben können nicht behandelt werden.

Einen **Malerspachtel** benötigen Sie zum Abschaben von Farbresten beim Arbeiten mit dem Heißluftföhn oder dem Abbeizer.

Ein **Cutter** ist das optimale Hilfsmittel, um Kerben und Macken in die Oberflächen zu schneiden. Besonders gut funktioniert dieser Effekt an Ecken und Kanten.

Mit einer **Drahtbürste** lassen sich einerseits abblätternde Farbe und Farbreste in Verzierungen entfernen, andererseits lassen sich damit künstlich abgenutzte Stellen auf Flächen und Kanten erzeugen.

Eine **Bohrmaschine** mit Stahlbürstenaufsatz hilft beim Entfernen von Farbresten in Verzierungen, Vertiefungen oder Kanten.

**Schleifpapiere** gibt es in verschiedenen Stärken: Je größer die Zahl, die auf der Rückseite angegeben ist, desto feiner die Körnung. Schleifpapier mit einer Körnung von 80 wird für den groben Vorschliff von Holz verwendet und für das Abschleifen alter Lackschichten. Papiere mit einer Körnung von 120 und 180 werden für den Feinschliff von Holz und Furnieren verwendet.

**Schwing- oder Eckschleifer** sind nützliche Helfer, wenn Sie größere Flächen abschleifen oder bearbeiten wollen.

## Hinweis

**Es gibt zwei verschiedene Anwendungen, für die Sie diese Werkzeuge und Hilfemittel benötigen: einmal, wenn Sie die komplette Farbe eines alten Möbelstückes abtragen möchten, um ihm einen neuen Anstrich zu geben, und einmal, um typische Shabby Chic-Effekte zu erzielen, wie Macken oder abgenutzte Stellen.**

## Dekore und Verzierungen

### Hinweise

**Gummi-Stempel reinigen Sie nach Gebrauch am besten mit etwas Spiritus. Hiermit lässt sich auch eingetrocknete Stempelfarbe sehr gut wieder entfernen.**

**Gummi-Stempel** eigenen sich sehr gut, um z. B. ein Relief in einer Modelliermasse zu erzeugen. Aber auch zum Verzieren von Stoffen und Holzgegenständen können sie verwendet werden.

**Große Schaumstoff-Stempel** eignen sich besonders zum Verzieren von Holzgegenständen und Stoffen. Für einen ungleichmäßigen Shabby-Look den Vordruck auf einem Küchentuch durchführen, so wird beim zweiten Druck auf die Oberfläche ein ungleichmäßiges Ergebnis erzielt.

**Stempelkissen** in Brauntönen werden im Shabby Chic gerne verwendet, um Papieren, Holz- und Metallgegenständen einen antiken Touch zu verleihen. Tupfen Sie die Farbe direkt mit dem Stempelkissen auf den Objektkanten auf. Sie können die Stempelfarbe auch mit einem Stupf- oder Schwammpinsel aufnehmen. Im Happy Shabby sind natürlich auch leuchtende Farben erlaubt.

**Sprühkleber** sind nützliche Helfer. Es gibt sie in zwei Varianten: permanent, d. h. zum dauerhaften Festkleben von Stoffen oder Papieren auf verschiedenen Untergründen, und non-permanent, d. h. zum Fixieren von Schablonen, die nach Gebrauch rückstandslos wieder entfernt werden können.

**Geschenkpapiere** mit schönen bunten Farben und fröhlichen Mustern sind wunderbar geeignet, um damit Möbel und Accessoires flächig zu verzieren. Mithilfe von permanentem Sprühkleber sind sie schnell angebracht.

**Linol-Schnitzwerkzeug** wird benötigt, um Gummistempel selbst herzustellen. Hiermit lassen sich auch filigrane Muster einfach aus Gummiplatten und Radiergummis schnitzen.

**Schablonen** und **Schwamm-Stupfpinsel** werden für konturscharfe Verzierungen verwendet. Im Fachhandel gibt es eine Vielzahl an Schablonen aus strapazierfähigem Polyester mit verschiedenen Motiven und Mustern. Manche Schablonen sind sogar selbstklebend. Die Farbe wird dabei mit dem Schwamm-Stupfpinsel aufgetragen.

13

Hinweise
**Geschenkpapiere lassen sich alternativ auch mithilfe von Decoupagekleber auf Möbel und Accessoires anbringen.**

# Möbelstücke und Accessoires aus Holz

### Das brauchen Sie dazu:
- Schleifpapier, Körnung 80 und 120
- Schleifklotz
- Schleifmaschine
- Handbesen oder Flachpinsel

### TIPPS
Fixieren Sie das Schleifpapier mit einer kleinen Schraube am Schleifblock. Somit verhindern Sie ein Verrutschen des Papiers während des Schleifvorgangs.

Für Verzierungen, wie etwa Schnitzereien oder Zierleisten, eignet sich eine Stahlbürste, bei feinen Verzierungen eine Bohrmaschine oder ein Dremel® mit Stahlbürstenaufsatz.

Für größere Flächen, die nicht mehr mit der Hand bearbeitet werden können, bietet sich ein elektrisches Schleifgerät an. Viele Baumärkte bieten einen Leih-Service für Geräte an.

## Untergrund vorbereiten

Bevor Sie an das Gestalten Ihrer Objekte gehen, müssen Sie zunächst den Untergrund vorbereiten. Hierzu entfernen Sie bei unbehandelten Holzgegenständen zunächst mithilfe von Schleifpapier (120er Körnung) abstehende Holzfasern. Bei behandelten oder glatten Gegenständen müssen Sie den Untergrund etwas anrauen, damit die Farbe später besser haften kann. Hier eignet sich Schleifpapier mit 80er oder 120er Körnung. Wickeln Sie hierfür das Schleifpapier um einen Schleifblock und arbeiten Sie stets in Richtung der Holzmaserung. Anschließend den Schleifstaub mit einem Handbesen oder einem größeren Flachpinsel gut entfernen.

Wenn Sie alten Möbelstücken oder Accessoires einen neuen Anstrich verpassen möchten, sollten Sie die vorhandene Lackschicht zunächst gut prüfen. Ist diese noch gut in Schuss, genügt es, wenn Sie diese etwas mit Schleifpapier (80er oder 120er Körnung) anrauen. Falls die alte Farbe bereits zu sehr absplittert, müssen Sie den alten Lack, am besten mit einer Schleifmaschine, entfernen. Bei kleinen Flächen reicht das Arbeiten mit Schleifpapier.

Auch hier sollten Sie in eine Richtung arbeiten und nicht kreuz und quer über den Gegenstand schleifen, um unnötige Kratzer und Beschädigungen im Holz zu vermeiden. Entfernen Sie nach dem Schleifen gründlich den Schleifstaub mit einem Handbesen oder Flachpinsel.

## Mit Lacken oder Acrylfarben arbeiten

Lacke und Acrylfarben sind die wohl am weitesten verbreiteten Hilfsmittel, um Möbelstücke und Accessoires farblich zu gestalten. Damit der Lack bzw. die Acrylfarbe gut haftet, ist es besonders wichtig, dass Sie das Werkstück gründlich von Schmutz, Staub und Fett befreien. Verwenden Sie hierzu Seifenlauge oder Allzweckreiniger und einen Schwamm. Anschließend rauen Sie die Oberfläche etwas an und entfernen den Schleifstaub mit einem flachen Pinsel oder dem Handfeger.

Wenn der Untergrund sauber und trocken ist, bringen Sie den Lack oder die Acrylfarbe mit einem Flachpinsel auf dem Werkstück auf. Bereiche, die nicht lackiert oder angestrichen werden sollen, können Sie mit Malerkreppband abkleben. Entfernen Sie das Malerkreppband, solange die Farbe noch feucht ist. Lassen Sie die Farbe gut trocknen. Besonders bei Lacken gilt: lieber etwas zu lang, als zu kurz!

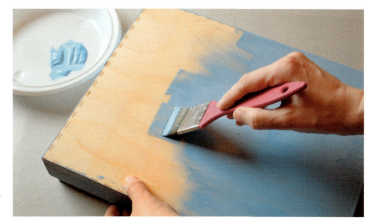

### Das brauchen Sie dazu:

- **Lack oder Acrylfarbe in der gewünschten Farbe**
- **Flachpinsel**
- **Allzweckreiniger**
- **Haushaltsschwamm**
- **evtl. Pinselreiniger**

### TIPPS

Verwenden Sie zum Abkleben ausschließlich die gelben glatten Sorten Malerkreppband und nicht die bräunlichen gekreppten Bänder. Durch die Kreppung liegt das bräunliche Abdeckband nicht flächig auf dem Untergrund auf und somit kann Farbe unter das Band laufen.

Schützen Sie Ihre Pinsel in Arbeitspausen vor dem Eintrocknen, indem Sie diese in Alufolie einschlagen. Dabei sollte der Pinsel gut mit Farbe getränkt sein – somit ersparen Sie sich das lästige Auswaschen und können am nächsten Tag einfach weiterarbeiten.

# Patinieren

**Das brauchen Sie dazu:**
- Patina-Medium in der gewünschten Farbe
- Flachpinsel oder Rundpinsel
- weiches Tuch
- evtl. Pinselreiniger

**TIPP**
Bei Patina-Medien auf Öl-Basis müssen die Pinsel nach Verwendung mit Pinselreiniger gereinigt werden.

Patina-Medium lässt Gegenstände künstlich altern. Dabei können Sie sowohl flächig arbeiten, als auch nur Details betonen. Wenn Sie ganze Flächen patinieren möchten, tragen Sie das Patina-Medium satt mit dem Flachpinsel auf und wischen es anschließend sofort mit einem weichen Tuch wieder ab. Dadurch verbleibt ein Rest der Patina in den Vertiefungen und Hinterschneidungen. Bei größeren Objekten bietet es sich an, in Teilabschnitten zu arbeiten, da sonst das Patina-Medium zu stark antrocknet.

Wenn Sie nur Details, wie z. B. Kanten, hervorheben möchten, tragen Sie das Medium mit einem Rundpinsel entlang der Kante auf. Das schönste Ergebnis erzielen Sie, wenn Sie hierbei unregelmäßig arbeiten. Wischen Sie überschüssiges Medium mit einem weichen Tuch wieder ab.

# Abschleifen von Oberflächen

Bemalte Holzflächen, MDF-Platten sowie Metall können nach dem Trocknen mit Schleifpapier (120er Körnung) angeschliffen werden, sodass die Farbe an einzelnen Stellen wieder abgetragen wird. So entsteht der gewünschte abgenutzte Eindruck. Wickeln Sie hierfür das Schleifpapier ggf. um den Schleifblock und fahren Sie über die Fläche des Werkstücks sowie über die Kanten und Ecken. Dabei immer in Richtung der Holzmaserung schleifen.

17

**Das brauchen Sie dazu:**

- Schleifpapier, Körnung 120 oder 180
- Schleifblock

**TIPP**

Für auffälligere Kratzer und Farbabriebe eignet sich eine Stahlbürste oder ein Cutter. Auch für größere Flächen ist das Arbeiten mit der Stahlbürste zu empfehlen.

Einen besonderen Effekt erzielen Sie, wenn Sie mit verschiedenen Farbschichten arbeiten. Hierfür bemalen oder lackieren Sie Ihr Werkstück zunächst in einer dunkleren Farbe. Nachdem die Grundierung gut durchgetrocknet ist, wird die gewünschte Hauptfarbe des Werkstücks aufgetragen. Schleifen Sie nach dem Trocknen die Ecken, Kanten und Flächen vorsichtig mit Schleifpapier an, bis die dunkle Grundierung wieder hervorkommt.

# Stempel selbst herstellen

### Gummistempel

Mit einem scharfen Cutter oder einem Linol-Schnitzmesser lassen sich einfache Formen aus einem Radiergummi und aus Stempelplatten herausschneiden. Die Technik ist denkbar einfach. Sie ähnelt dem Kartoffeldruck, wie wir ihn noch aus der Kindheit kennen. Als Motiv eignen sich vor allem einfache Motive, wie z. B. Pfeile, Herzen, Häuser etc.

Zuerst muss das Motiv auf den Radiergummi bzw. die Stempelplatte übertragen werden. Hier gibt es einen einfachen Trick. Zeichnen Sie die Vorlage mit Bleistift auf ein Stück Papier. Legen Sie anschließend das Motiv mit dem Bild nach unten auf den Gummi auf und reiben Sie mit dem Bleistiftstil einige Male über das Papier. Die Bleistiftzeichnung überträgt sich dadurch auf den Gummi. Dann wird das Motiv ausgeschnitten. Dafür die Linien mit einem schmalen Riller oder Geißfuß nachfahren und überschüssigen Gummi mit einem Flachausheber entfernen oder mit einem Cutter wegschneiden.

### Das brauchen Sie dazu:
- Linol-Schnitzwerkzeug oder Cutter
- Radiergummi oder Stempelplatte
- Bleistift
- Papier

### TIPP
Für filigrane und detailreiche Stempelmotive eignet sich das Linol-Schnitzwerkzeug besser als ein Cutter.

## Moosgummi-Stempel

Auch aus Moosgummi lassen sich mit einem Cutter oder einer Schere ganz einfach Stempel herstellen. Dafür die Vorlage auf das Moosgummi übertragen und ausschneiden. Kleben Sie die ausgeschnittene Stempelfläche mit etwas Klebstoff auf ein kleines Stück Holz. Auf die Rückseite kleben Sie als Griff eine Holzspielfigur, einen Würfel oder ein kleines Holzstückchen.

**Das brauchen Sie dazu:**
- **Moosgummi**
- **Cutter oder Schere**
- **kleine Holzplatte**
- **Holzstück oder Spielfigur**
- **Klebstoff**
- **Kugelschreiber oder Fineliner**

Kleinere Motive lassen sich auch wunderbar auf einem Wein- oder Sektkorken festkleben, der gleichzeitig als Stempelgriff dient.

Im Bastelfachhandel gibt es auch fertige Moosgummi-Motive (z. B. Blüten, Schmetterlinge, Zahlen, Buchstaben etc.) als Streuteile. Hiermit lassen sich u. a. ganz einfach Buchstaben- oder Zahlenstempel anfertigen, wie Sie sie für die Holzschilder auf S. 44/45 benötigen.

# Arbeiten mit Beton

**Das brauchen Sie dazu:**
- Plastikformen
- Zement aus dem Baumarkt
- Wasser
- Pflanzenöl
- Vogelsand oder Kieselsteine zum Beschweren
- Holzstab
- Spachtel
- Frischhaltefolie
- Schere
- Pinsel

Mit Beton lassen sich interessante Gefäße einfach herstellen. Für eine Schale, ein Windlicht oder Pflanzgefäß benötigen Sie zwei verschieden große Plastikformen. Diese müssen ineinander passen und möglichst zerschneidbar sein. Achten Sie darauf, dass die Wandstärke, der Raum zwischen den beiden Plastikformen, nicht weniger als 1,5 cm beträgt.

Streichen Sie die beiden Plastikformen dünn mit dem Öl ein, die größere Form innen, die kleinere Form außen. Mischen Sie nun den Beton mit Wasser an. Beachten Sie hierbei die Herstellerangaben. Fügen Sie immer nur kleine Wassermengen zum Beton hinzu und rühren Sie die Masse mit einem Holzstab immer wieder gut durch. Die Masse darf nicht zu dünnflüssig sein, die Konsistenz sollte der einer Zahncreme entsprechen.

Füllen Sie nun eine Lage Beton in die größere Plastikform und setzen Sie die kleinere Form mittig ein. Beschweren Sie die kleine Form mit ein paar schweren Steinen oder Vogelsand. Füllen Sie die Zwischenräume nun mit Beton auf und verdichten Sie diesen durch Aufstampfen auf die Unterlage oder durch Stoßen mit einem Holzstab. Entfernen Sie überquellendes Material am besten mit einem Spachtel.

Decken Sie die Form mit einer Folie ab. Es ist sehr wichtig, den Beton in den ersten Tagen vor dem Austrocknen zu schützen, da dieser sonst reißen kann. Lassen Sie den Beton vier bis fünf Tage gut aushärten.

Nach dem Aushärten entfernen Sie die Plastikformen. Häufig ist es nötig, hierfür die Formen zu zerschneiden.

Für die Betonwindlichter auf Seite 56 wird eine besondere Technik mit Haushaltsfolie angewendet. Hier sollten Sie das Objekt bereits nach ca. ein bis zwei Tagen aus den Formen herausholen, damit Sie die Folie noch gut entfernen können.

Nach dem Trocknungsvorgang können die Gefäße bemalt, verziert oder lackiert werden.

# Inspirationen

Machen Sie Ihre Welt ein Stückchen bunter! Auf den nächsten Seiten erwarten Sie 30 wunderschöne Projekte in fröhlichen Farben. Ob Möbelstücke, Wohnaccessoires, Bilder oder Lampenschirme – lassen Sie sich inspirieren. Die Materialien und Techniken sind vielfältig, doch alle Projekte lassen sich schnell und einfach umsetzen. Dank den ausführlichen Anleitung und zahlreichen Arbeitsschrittbildern gelingt Ihnen das Nacharbeiten garantiert.

Greifen Sie zu Pinsel und Schleifpapier und bringen Sie Farbe und den fröhlich-bunten Stil von Happy Shabby in Ihr Zuhause.

## 24  Pinnwände

**1** Lackieren Sie die einzelnen Holzrahmen in der entsprechenden Farbe und lassen Sie diese gut trocknen.

**2** Grundieren Sie die Rückwand eines Bilderrahmens zwei- bis dreimal mit Tafelfarbe. Am besten geht dies mit einer Farbwalze. Lassen Sie zwischen den einzelnen Farbaufträgen die Tafelfarbe jeweils gut trocknen. Setzen Sie die Tafelwand in den Rahmen ein. Falls notwendig mit Heißkleber fixieren.

**3** Zwei Bilderrahmen bekommen einen Einsatz aus Kork. Beziehen Sie dafür die beiden Korkplatten mit Stoff, indem Sie den Stoff ca. 4–5 cm größer als die Korkplatten zuschneiden. Legen Sie die Korkplatten mittig auf die Stoffrückseite, schlagen Sie den Stoff um und tackern Sie ihn an einer Seite fest. Ziehen Sie den Stoff an der gegenüberliegenden Seite straff und tackern Sie ihn anschließend auch hier fest. Wiederholen Sie den Vorgang an den anderen beiden Seiten.

**4** Der letzte Rahmen bekommt zwei Stofffächer. Hierfür zunächst die Sperrholzplatte wie in Schritt 3 beschrieben mit Stoff beziehen.

**5** Schneiden Sie aus dem pink und rosa karierten Stoff ein ca. 30 cm x 50 cm großes Stück zurecht. Vom blau geblümten Stoff benötigen Sie ein ca. 20 cm x 50 cm großes Stück. Schlagen Sie bei beiden Stoffen an einer langen Seite die Kante zweimal ein und steppen Sie diese fest. Legen Sie nun erst den pinken Stoff ca. 10 cm von der oberen Kante entfernt auf, streichen Sie ihn glatt und tackern Sie ihn auf der Rückseite fest. Der blau geblümte Stoff wird dann ca. 20 cm von der oberen Kante entfernt aufgelegt und ebenfalls auf der Rückseite festgetackert.

**6** Setzen Sie die stoffbezogenen Platten in die jeweiligen Rahmen ein.

## Material

- 4 Holzbilderrahmen ohne Glas, ca. 35 cm x 45 cm
- 2 Korkplatten, ca. 40 cm x 30 cm, 1 cm stark
- Sperrholzplatte, ca. 40 cm x 30 cm, 1 cm stark
- Baumwollstoff in Pink mit weißen Punkten, in Weiß mit bunten Äpfeln und Birnen und in Türkis kariert, jeweils ca. 40 cm x 50 cm
- Baumwollstoff in Pink-Rosa kariert, ca. 30 cm x 50 cm, und in Türkis mit kleinen Blümchen, ca. 20 cm x 50 cm
- Acryllack in Pink, Türkis, Orange und Flieder
- Tafelfarbe in Schwarz
- Tacker (Tackernadeln max. 8 mm hoch)
- Farbwalze
- Pinsel
- Schleifpapier, Körnung 120

## Hinweis

Die tatsächlich benötigte Größe der Korkplatten und der Sperrholzplatte hängen von Ihren Bilderrahmen ab. Schneiden Sie sie so zu, dass sie sich gut rahmen lassen.

# Kleine Holzbank

**1** Grundieren Sie die Bank mit wetterfestem Buntlack in Türkis und lassen Sie die Farbe gut durchtrocknen.

**2** Sägen Sie je nach Größe der Sitzfläche entsprechend die Holzfliesen zu (z. B. 18 Holzfliesen à 9,8 cm x 9,8 cm) und glätten Sie die Schnittkanten mit Schleifpapier. Grundieren Sie die Fliesen mit Acrylfarbe und lassen Sie die Farbe gut trocknen.

**3** Tragen Sie die weiße Acrylfarbe mithilfe eines Stupfpinsels oder einer Farbwalze dünn und gleichmäßig auf dem Schaumstoff-Stempel auf. Legen Sie eine Holzfliese mittig auf dem Stempel auf und drücken Sie die Fliese gut an. Entfernen Sie vorsichtig die Holzfliese vom Stempel und lassen Sie die Farbe gut trocknen.

**4** Schleifen Sie die Ränder und die Flächen der Holzfliesen mit Schleifpapier etwas an und entfernen Sie den Schleifstaub mit einem Pinsel. Tragen Sie etwas braune Stempelfarbe auf den Rändern der Holzfliesen auf. Lackieren Sie die einzelnen Fliesen anschließend zwei- bis dreimal mit wetterfestem Klarlack. Lassen Sie den Lack immer gut durchtrocknen, bevor Sie die nächste Schicht auftragen.

**5** Streichen Sie die Rückseite der Holzfliese gleichmäßig mit Holzleim ein. Kleben Sie die Fliesen auf die Sitzfläche der Bank. Achten Sie darauf, zwischen den einzelnen Fliesen einen Abstand für die Fugen von ca. 3 mm frei zu lassen. Drücken Sie die Fliesen gut an und fixieren sie eventuell zusätzlich mit Schraubzwingen. Lassen Sie den Holzleim gut trocknen.

**6** Rühren Sie laut Herstellerangabe die Fugenmasse mit etwas Wasser an. Tragen Sie die

Masse in die Fugen mit einem Spachtel auf und ziehen Sie überschüssige Fugenmasse mit dem Spachtel ab. Lassen Sie die Fugenmasse etwas antrocknen, bevor Sie Überreste der Fugenmasse vorsichtig mit einem feuchten Schwamm abwischen. Lassen Sie die Fugenmasse laut Herstellerangabe trocknen. Entfernen Sie den milchigen Schleier mit einem leicht feuchten Schwamm, bis die Fliesen wieder glänzen.

## 27

Material

- Holzbank, z. B. 90 cm x 20 cm (Sitzfläche)
- Sperrholzplatte, ca. 90 cm x 20 cm, 4 mm stark
- wetterfester Lack in Türkis
- Acrylfarbe in Rot, Grün, Blau, Lila und Weiß
- wetterfester Klarlack
- Stempelfarbe in Dunkelbraun
- Schaumstoff-Stempel mit Ornamentmotiv
- Dekupiersäge oder Laubsäge
- Pinsel
- Schwamm-Stupfpinsel oder Farbwalze
- Schleifpapier, Körnung 120
- Holzleim
- Fugenmasse und Gefäß zum Anrühren
- Spachtel
- Schwamm
- Wasser

# Nähutensilo

**1** Schneiden Sie das Geschenkpapier für die Rückwand und die Seitenwände entsprechend zu.

**2** Sprühen Sie auf die Papierrückseite dünn und gleichmäßig den Sprühkleber auf und bekleben Sie damit die Innenseiten der Kiste. Falls sich in der Kiste Aussparungen für die Griffe befinden, können Sie ein festes Stück Pappe mit Papier bekleben und dieses als Boden einlegen.

**3** Grundieren Sie die beiden Holzleisten und das Holzbrett in Hellgrün und lassen Sie den Lack gut trocknen.

**4** Befestigen Sie die beiden Leisten ungefähr in der Mitte der Kiste mit jeweils zwei Schrauben. Diese dienen als Auflagefläche für den Regalboden.

**5** Schrauben Sie die beiden Deckel der Marmeladengläser oben in der Kiste mit jeweils zwei kurzen Schrauben fest.

**6** Nähen Sie mit Heftstichen einmal am Rand entlang um den Stoffkreis. Legen Sie mittig etwas Füllwatte und den Pappkreis auf und ziehen Sie anschließend die beiden Fadenenden vorsichtig zusammen, sodass sich der Stoff zusammenzieht. Anschließend die Fadenenden verknoten. Kleben Sie das so entstandene Nadelkissen mit etwas Heißkleber mittig auf den Regalboden.

**7** Bohren Sie oben in den Deckel der Holzkiste 16 ca. 0,5 cm tiefe Löcher. Die Abstände zwischen den einzelnen Löchern sollten ca. 3–3,5 cm betragen. Sägen Sie aus dem Rundholz 16 Stücke á 4,5 cm Länge zu und kleben Sie diese mit einem Klecks Holzleim in den Löchern fest. Hier werden später die Garnrollen aufgesteckt.

**8** An den beiden Seiten werden die Garderobenhaken festgeschraubt. Zur Aufbewahrung der Schneiderkreide dient ein Muschelgriff, der zuvor mit grüner Lackfarbe grundiert wurde. Diesen unten an der Außenseite der Kiste festschrauben.

## Material

- Holzkiste, ca. 30 cm x 40 cm x 13 cm
- Holzbrett, ca. 27,5 cm x 10 cm, 1 cm stark
- 2 Holzleisten, ca. 10 cm x 2 cm, 1 cm stark
- Geschenkpapier mit bunten Punkten, ca. 70 cm x 60 cm
- 2 Garderobenhaken
- Muschelgriff
- Rundholz, ca. 72 cm lang, ø ca. 0,5 cm oder 16 Stück á 4,5 cm lang, ø 0,5 cm
- 4 kurze Schrauben, ca. 0,8 cm lang
- 4 kurze Schrauben, ca. 1,5 cm lang
- 2 Marmeladengläser, ca. 10 cm hoch, ø 8 cm
- 2 Vorratsgläser mit Deckel, ca. 15 cm hoch, ø 11 cm
- Pappkreis, ø ca. 5,5 cm
- Baumwollstoffrest in Gelb mit Punkten, ø ca. 15 cm
- etwas Füllwatte
- Acryllack in Hellgrün
- Sprühkleber
- Schere
- Pinsel
- Heißkleber
- Holzleim
- Akku-Bohrer
- Nadel und Faden
- evtl. festes Stück Pappe, ca. 27,5 cm x 13 cm

# Garderobe

**Material**
- alter Holzstuhl
- 2 Garderobenhaken
- 2 Metallwinkel für die Aufhängung oder 2 Spiegelbleche
- Acryllack in Rot
- Schleifpapier, Körnung 120
- Säge
- passende Schrauben
- Pinsel
- Schraubenzieher

**1** Entfernen Sie eventuell absplitternde alte Farbe mithilfe von Schleifpapier und entfernen Sie den Schleifstaub. Sägen Sie die Sitzfläche ca. 15–16 cm von der Stuhllehne entfernt durch. Die beiden hinteren Stuhlbeine sägen Sie ca. 8–10 cm unter der Sitzfläche ab.

**2** Schleifen Sie die Schnittkanten mit Schleifpapier glatt.

**3** Grundieren Sie den Stuhl mit roter Lackfarbe und lassen Sie diese gut trocknen.

**4** Für die typischen Gebrauchsspuren schleifen Sie die Farbe mit dem Schleifpapier besonders an den Ecken und Kanten so weit ab, bis das darunterliegende Holz wieder zum Vorschein kommt.

**5** Schrauben Sie jeweils rechts und links an den Stuhlbeinüberständen die Garderobenhaken fest.

**6** Für die Aufhängung entweder zwei Metallwinkel oder Spiegelbleche montieren.

# Bastelstation

## Material

- kleines MDF-Regal mit 3 Schubladen und Küchenrollenhalter, ca. 35 cm x 30 cm x 12 cm
- Geschenkpapier in Rot mit weißen Punkten, ca. 40 cm x 30 cm
- Washi Tape in Rot mit weißen Punkten, 1,5 cm breit, ca. 45 cm lang
- 3 selbstklebende Beschriftungsetiketten, 6 cm x 2 cm
- Acrylfarbe in Hellgrün
- Patina-Medium in Walnussbraun
- Schleifpapier, Körnung 120
- Schwamm
- Sprühkleber
- Schere
- Pinsel
- Malerkreppband

**1** Kleben Sie zunächst die untere Fläche mit Malerkreppband ab. Hier wird später das Geschenkpapier aufgeklebt.

**2** Grundieren Sie dann das Regal in Hellgrün und lassen Sie die Farbe gut trocknen. Eventuell einen zweiten Farbauftrag vornehmen.

**3** Schleifen Sie die Ecken und Kanten des Regals an, bis die unterste Schicht etwas zum Vorschein kommt.

**4** Tupfen Sie etwas Patina-Medium mit einem Schwamm auf und entfernen Sie überschüssige Patina mit einem Küchentuch.

**5** Messen Sie den Deckel und die untere Fläche des Regals aus und schneiden Sie das Geschenkpapier entsprechend zu. Sprühen Sie das Papier dünn und gleichmäßig auf der Rückseite mit Sprühkleber ein und kleben Sie das Papier auf. Streichen Sie eventuelle Luftblasen nach außen hin weg.

**5** Kleben Sie das Washi Tape auf den Rand und die Griffe der Schubladen. Zum Beschriften kleben Sie jeweils ein Etikett unter den Griff.

# Holzhocker

### Bemalter Holzhocker

**1** Grundieren Sie zunächst die Sitzfläche des Hockers in Gelb und die Beine in Hellblau. Lassen Sie die Farbe gut trocknen.

**2** Schneiden Sie die Tortenspitze mittig auseinander und sprühen Sie die beiden Hälften auf der Rückseite dünn und gleichmäßig mit Sprühkleber ein. Kurz auslüften lassen. Legen Sie die beiden Hälften der Tortenspitze mittig auf der Sitzfläche auf und drücken Sie sie etwas an. Fixieren Sie die Tortenspitze evtl. zusätzlich mit Malerkreppband.

**3** Stupfen Sie rote Farbe auf die Tortenspitze und entfernen Sie diese anschließend. Lassen Sie die Farbe trocknen, bevor Sie erneut zwei Hälften Tortenspitze so auf der Sitzfläche auflegen, dass ein Kreuz entsteht und die Sitzfläche in vier Segmente unterteilt ist. Auch hier wird rote Farbe aufgestupft.

**4** Sprühen Sie dünn und gleichmäßig Sprühkleber auf die Rückseite der Schablone und lassen Sie diese kurz auslüften. Fixieren Sie die Schablone jeweils in den Segmenten und stupfen Sie hellblaue Farbe auf. Entfernen Sie die Schablone stets, solange die Farbe noch feucht ist.

**5** Schleifen Sie mit Schleifpapier die Ecken und Kanten des Hockers leicht an. Schleifen Sie anschließend auch über die Sitzfläche, bis die aufgestupften Ornamente etwas verblasst aussehen.

## Stoffbezogener Holzhocker

**1** Grundieren Sie den Hocker in Türkis und lassen Sie die Farbe gut trocknen.

**2** Schleifen Sie die Ecken und Kanten des Hockers etwas an, bis das Holz wieder zum Vorschein kommt.

**3** Schneiden Sie den Schaumstoff entsprechend der Sitzfläche zu. Den Baumwollstoff ca. 5–6 cm größer zuschneiden. Breiten Sie zunächst den Stoff glatt aus, dabei liegt das Stoffmuster unten. Legen Sie mittig den Schaumstoff auf den Stoff. Darauf kommt die Sitzfläche des Hockers.

**3** Schlagen Sie den Stoff einmal ein und tackern Sie ihn unten an der Sitzfläche fest. Ziehen Sie nun an der gegenüberliegenden Seite den Stoff straff und tackern Sie ihn ebenfalls fest. Schlagen Sie die Ecken wie bei einem Geschenk etwas ein und tackern Sie die beiden anderen Seiten ebenfalls an der Sitzfläche fest. Ziehen Sie dabei den Stoff immer etwas straff.

**3** Kleben Sie rund um die Sitzfläche mit Textilkleber oder Heißkleber die Spitzenborte fest.

## Material

- Holzhocker mit quadratischer Sitzfläche, 32 cm x 32 cm

### Zusätzlich für den bemalten Hocker

- eckige Tortenspitze aus Papier, ca. 20 cm x 40 cm
- Schablone mit Kreismotiven, ø 6 cm
- Acrylfarbe in Gelb, Hellblau und Rot
- wiederablösbarer Sprühkleber
- Malerkreppband
- Schwamm-Stupfpinsel
- Pinsel
- Schleifpapier, Körnung 120

### Zusätzlich für den stoffbezogenen Hocker

- Schaumstoffplatte, 32 cm x 32 cm, ca. 3 cm stark
- Baumwollstoff in Hellblau mit gelben Ornamenten, 38 cm x 38 cm
- Spitzenborte in Grau, 130 cm lang
- Acrylfarbe in Türkis
- Textilkleber oder Heißkleber
- Schleifpapier, Körnung 120
- Schere
- Tacker
- Pinsel

## Nähkästchen

### Material
- Nähkästchen aus Holz
- Tonpapier mit Kreismotiven in Grüntönen
- Acrylfarbe in den gewünschten Farben, z. B. Antikgrün und Schwarz oder Himbeerrot und Mint
- Sprühkleber
- Pinsel
- Schleifpapier, Körnung 120
- Schraubenzieher zum Demontieren des Nähkastens

**1** Falls möglich, sollten Sie den Nähkasten zum Streichen und Einkleben der Papiere vorher auseinanderschrauben. Schleifen Sie eventuell lose Farbreste mit Schleifpapier etwas ab.

**2** Grundieren Sie den Nähkasten in der entsprechenden Farbe und lassen Sie die Farbe gut trocknen.

**3** Schleifen Sie die Ecken und Kanten mit Schleifpapier etwas an, bis das Holz wieder hervorkommt.

**4** Messen Sie die einzelnen Böden des Nähkästchens aus und schneiden Sie entsprechend die Papiere zu. Sprühen Sie die Rückseite der Papiere dünn mit Sprühkleber ein und kleben Sie diese in das Nähkästchen. Gut andrücken.

**5** Schrauben Sie die einzelnen Teile des Nähkastens wieder zusammen.

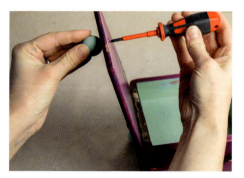
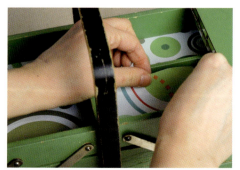

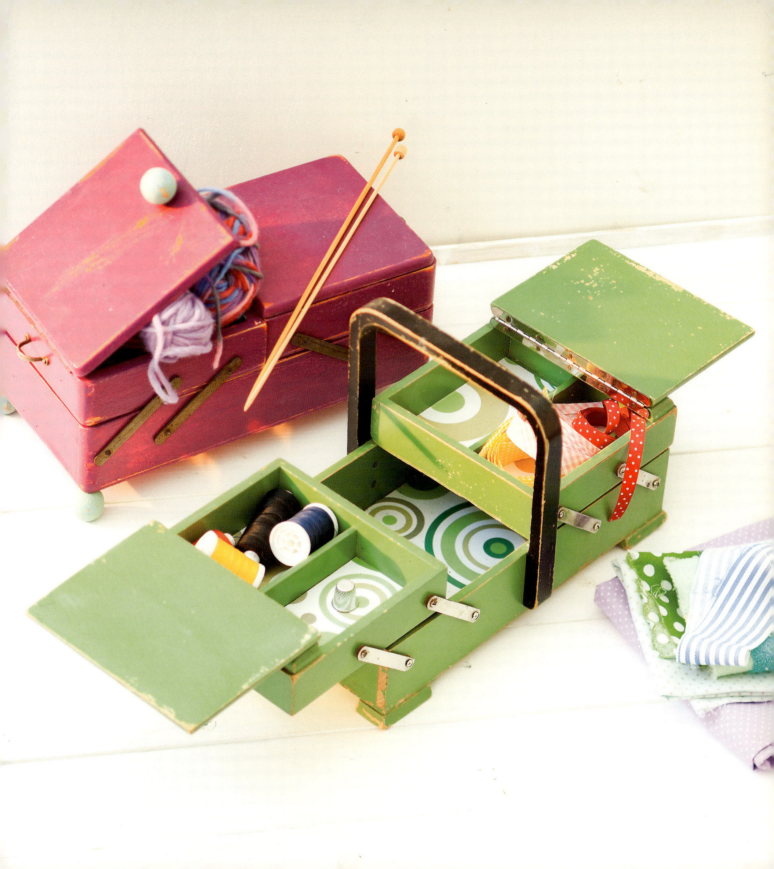

# Bunte Rollkiste

## Material

- alte Wein- oder Obstkiste
- 4 Rollen, ca. ø 5–6 cm
- 16 Schrauben, ca. 1,5 cm lang
- Buchstabenstempel, ca. 2,5 cm hoch
- Zahlenstempel, ca. 3,5 cm hoch
- Acrylfarbe in Orange, Türkis, Dunkelblau, Pink und Olivgrün
- Stempelfarbe in Schwarz
- Schraubenzieher oder Akkuschrauber
- Schleifpapier, Körnung 120
- Pinsel

**1** Schleifen Sie eventuell raue Stellen oder abgesplittertes Holz mit Schleifpapier glatt, bevor Sie mit dem Farbauftrag beginnen.

**2** Grundieren Sie die einzelnen Holzleisten der Kiste in unterschiedlichen Farben und lassen Sie die Farbe gut trocknen.

**3** Schleifen Sie die Ecken und Kanten etwas an, sodass das darunterliegende Holz wieder etwas hervorscheint. Die Flächen der einzelnen Leisten leicht anschleifen, bis die Farbe etwas verblasst wirkt.

**4** Stempeln Sie mit schwarzer Stempelfarbe und den Buchstabenstempeln das Wort „ANNO" und mit den Zahlenstempeln die Zahl „1926" vorne rechts auf die oberste Leiste.

**5** Zuletzt montieren Sie die Rollen auf der Unterseite der Kiste.

# Sekretär

**1** Grundieren Sie zunächst den Sekretär in Mintgrün und lassen Sie die Farbe gut trocknen. Die Schubladen bis auf die Vorderseite ebenfalls in Mintgrün streichen.

**2** Nach dem Trocknen der Farbe überstreichen Sie den Korpus des Sekretärs komplett mit der Farbe Lila. Die Farbe wieder gut trocknen lassen.

**3** Schleifen Sie die Kanten und Ecken sowie die Flächen mit Schleifpapier leicht an, bis die mintgrüne Farbe wieder etwas durchkommt.

**4** Schneiden Sie das Geschenkpapier entsprechend der Maße der Schubladen zu und besprühen Sie es auf der Rückseite dünn mit Sprühkleber.

**5** Kleben Sie das Papier auf die Vorderseite der Schublade auf und streichen Sie es glatt.

**6** Schleifen Sie die Kanten der Schubladen etwas an und tupfen Sie etwas braune Stempelfarbe auf die Ecken und Kanten der Schublade auf.

## Material

- Sekretär aus MDF, ca. 40 cm x 32 cm x 35,5 cm
- Stempelfarbe in Braun
- Acrylfarbe in Mintgrün und Lila
- Geschenkpapier in Mintgrün mit hellblauen Punkten, ca. A4
- Pinsel
- Schleifpapier, Körnung 120
- Sprühkleber
- Schere oder Cutter

# Kreuzstichhocker

## Material

- Holzhocker, 42 cm x 42 cm x 45 cm
- Washi Tape in Rot mit weißen Punkten, 1 cm breit, ca. 1,10 m lang (für die Sitzfläche)
- Washi Tape in Rot mit weißen Punkten, 1 cm breit, ca. 2 m lang (für die Beine des Herzhockers)
- Washi Tape in Weiß, ca. 5 mm breit, ca. 50 cm lang (für den Apfelhocker)
- dickes Baumwollgarn in Rot, Grün und Braun
- Acryllack in Gelb und Rot
- Akku-Bohrer
- Holzbohrer, Größe 3
- Graphitpapier
- Schleifpapier, Körnung 120
- dicke Nadel (z. B. Stopfnadel)
- alte Holzplatte zum Unterlegen beim Bohren

Vorlage Seite 79

**1** Übertragen Sie die Vorlage des Motivs mit dem Graphitpapier auf die Sitzfläche des Hockers.

**2** Bohren Sie die entsprechenden Löcher des Motivs in die Sitzfläche. Damit die Löcher auf der Unterseite nicht einreißen, sollten Sie eine alte Holzplatte unterlegen, bevor Sie mit dem Bohren beginnen.

**3** Grundieren Sie die Sitzfläche mit gelbem Acryllack und lassen Sie die Farbe gut trocknen. Beim Apfelhocker werden zusätzlich die Hockerbeine in Rot lackiert.

**4** Schleifen Sie an den Ecken, an den Kanten und an manchen Stellen der Sitzfläche die Farbe wieder an, bis das darunterliegende Holz etwas zum Vorschein kommt.

**5** Fädeln Sie das Baumwollgarn in eine dicke Nadel und beginnen Sie das Kreuzstichmuster aufzusticken. Dafür wird zunächst von links nach rechts der Unterstich gestickt. Dafür immer oben links nach unten rechts sticken. Dann werden in der Rückreihe von rechts nach links die Deckstiche von oben rechts nach unten links ausgeführt. Die Fadenenden auf der Rückseite des Hockers gut verknoten.

**6** Kleben Sie das Washi Tape rund um die Sitzfläche. Das weiße und das gepunktete Washi Tape kleben Sie streifenweise wie abgebildet um die Hockerbeine.

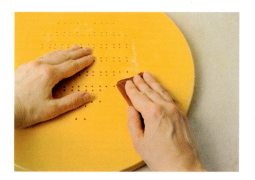

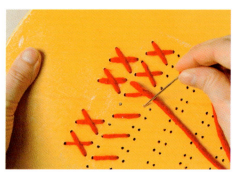

## Holzschilder

**Material**
**Schild „This is my happy place"**
- 4 Holzleisten à 34 cm x 6 cm, 0,5 cm stark
- für den Rahmen jeweils 2 Holzleisten à 25 cm x 4 cm x 2,5 cm und 2 Holzleisten à 29 cm x 4 cm x 2,5 cm (ergibt eine Rahmengröße von 25 cm x 34 cm)
- Acrylfarbe in Rosa, Pink, Hellgrün und Lila
- Holzlasur in Teak
- Stempelfarbe in Rot, Türkis, Blau und Lila
- Buchstabenstempel, 1 cm
- selbstklebende Schablone mit Vogelmotiv, 24 cm x 20 cm
- Tonkarton in Rot, Grün, Gelb und Blau
- Motivstanzer mit Wellenkreis, ø 3,5 cm
- Klebstoff
- Kordel in Grün, ca. 35 cm lang
- 16 Nägel, 1,0 mm x 15 mm
- 8 Nägel, 4,0 mm x 30 mm
- Hammer

### Schild mit Holzleisten und Schild „Happy Place"

**1** Grundieren Sie die Holzleisten in den entsprechenden Farben und lassen Sie die Farben gut trocknen.

**2** Die Rahmenleisten mit Holzlasur in Teak anmalen und ebenfalls gut trocknen lassen.

**3** Entsprechend der jeweiligen Rahmengröße werden die einzelnen Rahmenleisten pro Seite mit zwei langen Nägeln miteinander verbunden.

**4** Stempeln Sie die einzelnen Schriftzüge auf die jeweiligen Holzleisten.

**5** Für das Bild mit dem Vogelmotiv legen Sie die vier Holzleisten aneinander und befestigen Sie die selbstklebende Schablone unten links. Tragen Sie die einzelnen Farben mit einem Schwamm-Stupfpinsel auf. Lassen Sie die Farben gut trocknen.

**6** Befestigen Sie die einzelnen Leisten mit kleinen Nägeln auf dem Holzrahmen. Lassen Sie zwischen den Leisten einen kleinen Abstand von ca. 2 mm.

**7** Schleifen Sie an den Ecken und Kanten die Farbe mit Schleifpapier wieder etwas ab, bis das darunterliegende Holz etwas durchscheint.

**8** Zuletzt kleben Sie noch eine kleine Wimpelkette auf das Schild.

### Schild „I'm Walking on Sunshine"

**1** Vergrößern Sie diese Kopie auf einem Farbkopierer, scannen Sie die Vorlage ein und drucken Sie sie mit einem Laserdrucker aus. Das Motiv muss spiegelverkehrt sein.

**2** Tragen Sie mit einem Pinsel dünn und gleichmäßig Acryl-Gel Medium auf die Sperrholzplatte auf.

**3** Legen Sie das Bild mit der Motivseite nach unten auf das noch feuchte Acryl-Gel auf, drücken Sie es gut an und streichen Sie es glatt. Verwenden Sie eventuell eine Gummiwalze zum Glätten. Darauf achten, dass keine Blasen oder Falten entstehen.

**4** Lassen Sie das Bild für 24 Stunden trocknen und feuchten Sie es anschließend mit einem Schwamm an.

**5** Nun können Sie das Papier mit den Händen oder mit der rauen Seite eines Spülschwamms abrubbeln und abwaschen. Gut trocknen lassen und das Bild mit ein paar kleinen Nägeln auf den Rahmen befestigen. Anschließend das Motiv mit Holzwachs behandeln.

## 45

**Material**
**Schild mit Holzleisten**

- 8 Holzleisten, 33 cm x 6 cm, 0,5 cm stark
- für den Rahmen jeweils 2 Holzleisten, 28,5 cm x 4 cm x 2,5 cm und 2 Holzleisten, 50 cm x 4 cm x 2,5 cm (ergibt eine Rahmengröße von 33,5 cm x 50 cm)
- Acrylfarbe in Orange, Lila, Hellgrün und Pink
- Holzlasur in Teak
- Pinsel
- Stempelfarbe in Schwarz
- Buchstabenstempel
- Schleifpapier, Körnung 120
- 32 Nägel, 1,0 mm x 15 mm
- 8 Nägel, 4,0 mm x 30 mm
- Hammer

**Schild „I'm Walking on Sunshine"**

- Sperrholzplatte, 28 cm x 20 cm
- für den Rahmen jeweils 2 Holzleisten, 23 cm x 4 cm x 2,5 cm und 2 Holzleisten, 20 cm x 4 cm x 2,5 cm (ergibt eine Rahmengröße von 28 cm x 20 cm)
- Holzlasur in Teak
- Acryl-Gel Medium
- Pinsel
- Motiv als Laserausdruck/-kopie
- Schwamm
- Wasser
- 8 Nägel, 1,0 mm x 15 mm
- 8 Nägel, 4,0 mm x 30 mm
- Hammer
- Holzwachs

Vorlage Seite 78

# Kerzenständer

**1** Unterteilen Sie die einzelnen Kerzenhalter in drei Segmente und kleben Sie diese mit Malerkreppband ab. Bemalen Sie die drei Streifen in unterschiedlichen Farben. Lassen Sie die Farbe pro Farbstreifen immer gut trocknen, bevor Sie mit dem nächsten Farbstreifen anfangen.

**2** Schleifen Sie die Kerzenhalter an den Rändern etwas an, bis das Metall wieder durchscheint.

**3** Tragen Sie etwas Patina mit dem Pinsel auf und wischen Sie diese sofort wieder mit einem Küchentuch ab. Arbeiten Sie mit Patina-Medium immer in kleinen Abschnitten.

**4** Messen Sie die Innenfläche des Tabletts aus und schneiden Sie einen entsprechend großen Kreis aus Geschenkpapier aus. Sprühen Sie diesen auf der Rückseite dünn mit Sprühkleber ein und drücken Sie ihn gut auf dem Tablettboden an.

**5** Kleben Sie rund um den oberen Teil der einzelnen Kerzenhalter einen Streifen Textilklebeband auf.

## Material

- Metallkerzenständer, vierflammig, auf Tablett
- Geschenkpapier in Rot mit weißen Punkten, entsprechend dem Innendurchmesser des Tabletts
- Lackfarbe in Dunkelblau, Mintgrün, Pink und Olivgrün
- Patina-Medium in Braun
- Textil-Klebeband in Rot mit weißen Punkten
- Sprühkleber
- Malerkreppband
- Pinsel
- Schleifpapier, Körnung 120
- Küchentuch
- Schere

# Papierlampe

**1** Verdünnen Sie die Acrylfarben jeweils mit etwas Wasser. Tauchen Sie die Spitzendeckchen in die entsprechenden Farben und kneten Sie diese gut durch, sodass sie gleichmäßig mit Farbe bedeckt sind. Lassen Sie die Deckchen ausgebreitet gut trocknen.

**2** Falten Sie den Papierschirm auf und beginnen Sie oben am Rand der Lampe ein Spitzendeckchen mit Nadel und Faden an einer der Metallverstrebungen festzunähen. Fixieren Sie das Deckchen an weiteren Metallverstrebungen. Nähen Sie nun das nächste Deckchen direkt angrenzend an das Deckchen fest und fixieren Sie dieses ebenfalls wieder an den Metallverstrebungen.

**3** Gehen Sie so weiter vor, bis die Lampe etwas über die Hälfte hinaus mit Spitzendeckchen belegt ist.

## Material

- **runde Papierlampe, ca. ø 40 cm**
- **gehäkelte Spitzendeckchen in verschiedenen Größen, ca. ø 5 cm – 14 cm**
- **Acrylfarbe in Gelb, Pink, Türkis, Lila und Rot**
- **Nadel und Faden**
- **5 Gefäße mit Wasser**
- **Gummihandschuhe**

# Gipsherz im Rahmen

### Material
- Bilderrahmen ohne Glas, ca. 21 cm x 21 cm
- Luftballon in Herzform, ca. 18 cm hoch
- Gipsbinden, ca. 4 Meter lang
- Acrylfarbe in Hellblau, Türkis und Schwarz
- Stempelfarbe in Schwarz und Dunkelbraun
- Schüssel mit Wasser
- Schleifpapier, Körnung 120
- Buchstabenstempel, ca. 2 cm
- Pinsel
- Schere
- Wickeldraht in Silber
- Heißkleber

**1** Den Luftballon aufblasen und verknoten. Schneiden Sie die Gipsbinden in ca. 10 cm lange Stücke. Tauchen Sie die Gipsbinden jeweils kurz in eine mit Wasser gefüllte Schüssel und legen Sie die Stücke immer leicht überlappend auf den Luftballon. Gehen Sie so vor, bis Sie das Herz mit ca. 2–3 Schichten Gips belegt haben. Bedecken Sie auch den Knoten mit Gipsbinden. Der Luftballon wird nach dem Trocknen nicht entfernt.

**2** Nach dem Trocknen grundieren Sie das Gipsherz in Hellblau. Den Rahmen streichen Sie zunächst in Schwarz. Lassen Sie die Farbe gut trocknen. Den Rahmen anschließend mit Türkis überstreichen. Wenn die Farbe getrocknet ist, werden die Ecken und Kanten etwas angeschliffen, bis die darunterliegende schwarze Farbe wieder durchscheint.

**3** Schleifen Sie mit Schleifpapier das Herz an einigen Stellen etwas an, bis der weiße Gips durchschimmert.

**4** Tupfen Sie braune Stempelfarbe unregelmäßig auf das Herz auf.

**5** Stempeln Sie in Schwarz den Schriftzug „BE HAPPY" mit den Buchstabenstempeln mittig auf das Herz. Kleben Sie das Herz mithilfe von Heißkleber mittig in den Rahmen fest.

**6** Fixieren Sie den Wickeldraht an einer Stelle am Rahmen und beginnen Sie den Rahmen mit dem Draht kreuz und quer zu umwickeln. Fixieren Sie den Draht, indem Sie das Ende verzwirbeln.

# Porzellangeschirr

**1** Das Geschirr muss vor dem Bemalen staub- und fettfrei sein. Reiben Sie deshalb das Porzellan mit einem in Spiritus getränkten Küchentuch gut ab.

**2** Die Tortenspitze auf der Rückseite dünn und gleichmäßig mit Sprühkleber einsprühen und kurz auslüften lassen. Dann die Tortenspitze auf die gewünschte Stelle auf dem Geschirr auflegen und gut andrücken.

**3** Die Ränder der Tortenspitze mit etwas Malerkreppband abkleben. Dies gibt der Tortenspitze zusätzlichen Halt und verhindert, dass die Porzellanfarbe über die Ränder hinaus aufgestupft wird.

**4** Nun die Farbe dünn und gleichmäßig auf die Tortenspitze mit dem Stupfpinsel auftragen. Die Tortenspitze direkt nach dem Farbauftrag entfernen, um zu verhindern, dass das Papier der Tortenspitze an der Farbe kleben bleibt.

**5** Mit einem Pinsel am Rand von Teller und Tassen einen ungleichmäßigen Strich aufmalen. Die Porzellanfarbe laut Herstellerangaben mehrere Stunden trocknen lassen und anschließend im Backofen fixieren.

## Material

- Porzellangeschirr in Weiß
- Papiertortenspitzen in verschiedenen Größen, ø 6–16 cm
- wiederablösbarer Sprühkleber
- Küchentuch
- Spiritus
- Porzellanfarbe in Türkis, Gelb, Pink, Lila und Hellblau
- Schwamm-Stupfpinsel
- Malerkreppband
- Rundpinsel

# Küchentablett

## Material

- Holztablett mit Griffen, ca. 32 cm x 25 cm
- lufttrocknende Modelliermasse
- Fugenmasse in Weiß
- Fliesenkleber
- Stempelgummi, 7,5 cm x 7,5 cm
- Acryllack in Hellblau und Petrol
- Pinsel
- Spachtel
- Nudelholz
- Cutter oder Messer
- Schwamm
- Wasser
- Gefäß zum Anrühren
- Schleifpapier, Körnung 120

Vorlage Seite 78

**1** Stellen Sie einen Gummistempel laut Grundanleitung auf Seite 18 her. Rollen Sie die Modelliermasse ca. 4 mm dick aus. Legen Sie den Gummistempel in die Masse und drücken Sie diesen leicht an.

**2** Schneiden Sie entlang des Stempels das Motiv mit einem Messer aus und entfernen Sie die überschüssige Modelliermasse. Sie benötigen für das Tablett zwölf Tonfliesen. Lassen Sie die Fliesen laut Herstellerangaben gut aushärten.

**3** Grundieren Sie die Außen- und Innenseiten des Tabletts in Petrol und lassen Sie die Farbe gut trocknen.

**4** Nehmen Sie mit einem Pinsel ein wenig Farbe auf und wischen Sie ungleichmäßig über die Fliesen. Die Vertiefungen des Motivs sollten keine bzw. kaum Farbe abbekommen. Lassen Sie den Lack gut trocknen.

**5** Überziehen Sie anschließend die Fliesen mit einem glänzenden Klarlack und lassen Sie diesen gut trocknen.

**6** Schleifen Sie an den Seiten, Ecken und Kanten die Farbe des Tabletts etwas an, bis das darunterliegende Holz etwas durchschimmert.

**7** Tragen Sie auf dem Boden des Tabletts den Fliesenkleber gleichmäßig auf und drücken Sie die einzelnen Fliesen hinein.

**8** Füllen Sie die Fugen mit Fugenmasse auf und lassen Sie diese kurz antrocknen.

**9** Wischen Sie mit einem feuchten Schwamm überschüssige Fugenmasse ab. Um einen schönen Shabby-Look zu erhalten, können Sie etwas Fugenmasse in den Vertiefungen der Abdrücke belassen. Zuviel an Fugenmasse in den Vertiefungen können Sie mit einem nassen Borstenpinsel vorsichtig entfernen und anschließend mit einem feuchten Schwamm nachwischen. Lassen Sie die Fugenmasse gut trocknen.

# Windlichter aus Beton

**1** Legen Sie den Pflanztopf mit Frischhaltefolie aus, lassen Sie die Folie dabei etwas über den Rand hinausragen.

**2** Umwickeln Sie den Plastikbecher mit Frischhaltefolie.

**3** Streichen Sie, über die Folie, den Pflanztopf innen und den Plastikbecher außen mit Pflanzenöl ein. Das Öl dient als Trennmittel und soll ein Ankleben des Betons an der Folie verhindern.

**4** Rühren Sie den Zement mit etwas Wasser an. Die Konsistenz des Zements sollte in etwa der von Zahnpasta entsprechen. Beachten Sie dabei die Herstellerangaben.

**5** Füllen Sie den Pflanztopf ungefähr bis zur Hälfte mit dem Zement. Drücken Sie den Plastikbecher mittig in den Zement hinein. Damit der Plastikbecher nicht nach oben gedrückt wird, beschweren Sie ihn mit einem mittelgroßen Kieselstein oder füllen Sie den Becher mit etwas Vogelsand. Um Luftlöcher im Zement zu vermeiden, sollten Sie das Gefäß ein paar Mal auf dem Tisch aufstampfen oder auf eine Unterlage (z. B. Holzbrett) stellen und mit dem Hammer ein paar Mal auf das Brett um das Gefäß herum hämmern. So steigen eingeschlossene Luftblasen nach oben.

**6** Lassen Sie die Zementmasse ca. einen Tag antrocknen. Entfernen Sie zunächst vorsichtig den Plastikbecher. Ziehen Sie das Windlicht an der Folie aus dem Topf heraus und entfernen Sie vorsichtig die Folie. Falls etwas Folie in der Betonmasse eingeklemmt sein sollte, entfernen Sie dieses so weit wie möglich.

**7** Lassen Sie den Zement an einem trocknen Ort nun noch ein bis zwei Tage durchtrocknen. Kleine Folienreste können Sie mit einem Feuerzeug wegschmelzen.

**8** Glätten Sie den Beton und die Ränder mit Schleifpapier.

**9** Reißen Sie das Stanniolpapier in kleine Stücke und tragen Sie auf der Rückseite etwas Klebstoff mit einem Pinsel auf. Legen Sie das Stanniolpapier innen in das Windlicht und drücken Sie es mit einem Pinsel etwas an. Fahren Sie so fort, bis das komplette Windlicht innen mit Stanniol ausgelegt ist.

## Material

- Universal-Zement, ca. 200 g pro Windlicht
- Pflanztopf, ca. ø 11 cm, 10,5 cm hoch
- Plastikbecher, ø 8,5 cm, 13 cm hoch
- Stanniolpapier in Rot, Pink und Blau, jeweils A5
- alter Pinsel
- Schleifpapier, Körnung 120
- Feuerzeug
- Stein oder Vogelsand zum Beschweren
- Pflanzenöl
- Frischhaltefolie
- Klebstoff

# Blumenvasen

## Material
- Glasflaschen, 15 cm, 20 cm und 25 cm hoch
- Strickfilzwolle in Türkis, Lila, Blau, Pink und Weinrot
- Häkelnadel, Größe 10
- Kunstleder in Rosa, ca. 20 cm x 4 cm für große Blüte, 7 cm x 2 cm je kleine Blüte und Reste für die Blätter
- Schere
- Heißleber

**1** Häkeln Sie aus der Filzwolle jeweils eine ca. 3 Meter lange Luftmaschenkette und verfilzen Sie diese laut Herstellerangaben in der Waschmaschine. Lassen Sie die Filzschnüre gut trocknen.

**2** Kleben Sie die Filzschnüre rund um die Milchflasche mit Heißkleber an. Bei der gestreiften Vase beide Filzschnüre in die Hand nehmen und zusammen aufkleben.

**3** Schneiden Sie aus dem Kunstleder für die große Blüte einen ca. 4 cm breiten und ca. 20 cm langen Streifen aus. Für die kleinen Blüten benötigen Sie jeweils einen ca. 2 cm breiten und 7 cm langen Streifen. Diesen in der Mitte falten und mit Heißkleber an den Rändern zusammenkleben.

**4** Schneiden Sie den Streifen von oben bis ca. 0,5 cm von der Kante entfernt ein und rollen Sie anschließend den Streifen zu einer Schnecke. Befestigen Sie das Ende der Blüte und kleben Sie diese an der Flasche auf. Zusätzlich können Sie aus Kunstlederresten Blätter ausschneiden und unter die Blüten kleben.

# Muffins aus Filz

**1** Grundieren Sie die Styroporkugel in Braun und lassen Sie die Farbe gut trocknen. Wenn Sie die Kugel auf einen Zahnstocher aufspießen, können Sie die Kugel leichter bemalen. Stecken Sie die Kugel danach zum Trocknen in etwas Blumensteckmasse.

**2** Schneiden Sie aus Filz einen ca. 2 cm breiten und ca. 60–70 cm langen Streifen aus. Sie können auch mehrere kürzere Streifen verwenden.

**3** Stecken Sie nun ungefähr auf mittlerer Höhe das Filzband mit einer Stecknadel in die Kugel und beginnen Sie damit, den Filz zwei- bis dreimal zu verdrehen. Fixieren Sie den Filz mit einer weiteren Nadel und verdrehen Sie ihn wieder einige Male. Gehen Sie so vor, bis Sie oben an der Kugel angelangt sind. Achten Sie beim Feststecken darauf, den Filz nicht stramm zu ziehen, sondern locker an der Kugel zu fixieren.

**4** Nun können Sie Ihre Muffins nach Lust und Laune verzieren. Kleben Sie z. B. Perlen oder Holzblüten oben auf das Sahnehäubchen. Das geht am besten mit etwas Heißkleber.

**5** Zum Schluss den Muffin in die Papierform stellen und eventuell mit Klebstoff darin fixieren.

## Material

- Styroporkugel, ø 8 cm
- Bastelfilz in Rosa, Weiß und Türkis, ca. 2 cm breit, 60–70 cm lang
- Holzblüten, Perlen etc. zum Verzieren
- Papier-Muffinform
- Acrylfarbe in Braun
- Pinsel
- kurze Stecknadeln, ca. 1 cm lang
- Zahnstocher
- Heißkleber
- evtl. Blumensteckmasse für den Trockenvorgang

# Keksdosen

## Material

- runde Metalldosen, ca. ø 21 cm und 7 cm, 7,5 cm bzw. 16 cm hoch
- Tortenspitze aus Papier, ø 11 cm und 7 cm
- Schwamm-Stupfpinsel
- Textil-Klebeband in Rot mit weißen Punkten, ca. 20 cm lang
- Textil-Klebeband in Rot mit weißen Streifen, ca. 60 cm lang
- Lackfarbe in Hellblau, Gelb und Pink
- Stempelfarbe in Braun
- Sprühkleber
- Druckerpapierrest
- Motivschere mit Wellenmuster
- Drucker oder schwarzer Filzstift

**1** Grundieren Sie die Metalldosen mit einem Schwamm-Stupfpinsel in der jeweiligen Farbe und lassen Sie diese gut trocknen. Tragen Sie eventuell eine zweite Schicht Farbe auf.

**2** Sprühen Sie die Tortenspitze auf der Rückseite dünn und gleichmäßig mit Sprühkleber ein. Lassen Sie den Sprühkleber kurz auslüften und drücken Sie die Tortenspitze auf dem Deckel der Dose gut an.

**3** Betupfen Sie die Dose an den Ecken und Kanten mit etwas brauner Stempelfarbe.

**4** Fixieren Sie das Textil-Klebeband am Deckelrand und drücken Sie es gut an.

**5** Schneiden Sie aus weißem Papier ein Rechteck in Wunschgröße mit der Motivschere zu und beschriften Sie es entsprechend dem Doseninhalt. Betupfen Sie es am Rand etwas mit brauner Stempelfarbe und kleben Sie das Label mithilfe von Sprühkleber auf der Dose fest.

# Tischsets

**1** Bügeln Sie ein ca. 12 cm x 8 cm großes Stück Vliesofix® auf die Rückseite des blaukarierten Stoffes und schneiden Sie diesen mit der Zackenschere aus.

**2** Stempeln Sie die Worte „GUTEN APPETIT" auf und fixieren Sie die Farbe laut Herstellerangaben.

**3** Entfernen Sie das Schutzpapier und bügeln Sie das Stoffrechteck auf den Stoff des Tischsets an gewünschter Stelle auf. Denken Sie hierbei an die Nahtzugabe. Nähen Sie das Stoffrechteck rundherum mit einem Steppstich fest.

**4** Stecken Sie das Spitzendeckchen mit ein paar Stecknadeln oben rechts auf dem Tischset fest und nähen Sie dieses rundherum fest.

**5** Bügeln Sie die Vlieseline® mittig auf die Rückseite des Tischsets auf. Klappen Sie die Ränder des Stoffes zweimal ein und stecken Sie diese mit ein paar Stecknadeln fest.

**6** Nähen Sie die Kanten rundherum mit einem Steppstich fest.

## Material

- **Baumwollstoff in Pink mit weißen Punkten, Türkis mit weißen Blümchen, Gelb mit weißen Punkten und Lila, pro Tischset ca. 35 cm x 45 cm (plus ca. 2 cm Nahtzugabe)**
- **Baumwollstoff in Blau-Weiß kariert, pro Tischset ca. 12 cm x 8 cm**
- **Spitzendeckchen, ca. ø 10 – 12 cm**
- **Vliesofix®, pro Tischset ca. 12 cm x 8 cm**
- **Vlieseline® zum Verstärken, pro Tischset ca. 35 cm x 45 cm**
- **Buchstabenstempel, ca. 1,5 cm hoch**
- **Stempelfarbe für Textilien in Schwarz, alternativ schwarze Textilfarbe**
- **Nähmaschine**
- **Bügeleisen**
- **Zackenschere**
- **Stecknadeln**

# Schneiderpuppe

### Material

- Schneiderpuppe Styropor® mit Metallständer
- bunte Stoffreste in unterschiedlichen Größen von 5 cm bis 15 cm
- 4 Häkeldeckchen, ca. ø 8 cm
- Spitzenband, 1,5 cm breit, ca. 40 cm lang
- Sprühlack in Himmelblau
- Patina-Medium in Walnussbraun
- Holzleim oder Buchbinderleim
- Pinsel
- Schere
- 2 Schwämme
- Textilkleber
- Wasser
- Gefäß zum Leim anrühren

**1** Mischen Sie im Verhältnis 1:1 Leim und Wasser in einem Gefäß an. Tauchen Sie die Stoffstücke kurz in den verdünnten Leim. Legen Sie den Stoff auf die Schneiderpuppe und streichen Sie ihn mit den Fingern glatt. Tragen Sie mit einem Pinsel nochmals etwas Leim auf den Stoff auf. Gehen Sie so vor, bis die Schneiderpuppe komplett mit Stoff überzogen ist. Lassen Sie den Stoff für mindestens 24 Stunden trocknen.

**2** Tragen Sie auf drei bis vier Spitzendeckchen Textilkleber auf und verteilen Sie diese auf der Schneiderpuppe. Kleben Sie ein Spitzendeckchen oben am Hals der Puppe seitlich fest.

**3** Knoten Sie ein Spitzenband oben seitlich am Hals der Schneiderpuppe fest und lassen Sie die Enden ca. 10 cm herunterbaumeln.

**4** Sprühen Sie den Metallständer gleichmäßig mit blauer Farbe an und lassen Sie diese gut trocknen.

**5** Tragen Sie mit einem trockenen Schwamm etwas Patina-Medium auf dem Metallständer auf und tupfen Sie anschließend mit einem feuchten Schwamm nochmals darüber. Lassen Sie die Farbe gut trocknen. Anschließend montieren Sie die Schneiderpuppe auf dem Ständer.

67

### Hinweis

Schneiderpuppen sind ein beliebtes Wohnraumaccessoire im Shabby Chic. Meist werden stoffbezogene Pappen verwendet. Für die selbstgestaltete Variante eignet sich die günstigere Styropor®-Pappe, sie ist leicht und die Stoffstücke lassen sich sehr gut aufbringen.

# Nadelkissen

**1** Schneiden Sie die einzelnen Teile aus dem Baumwollstoff aus. Alle Maßangaben enthalten bereits 1 cm Nahtzugabe. Legen Sie den Rot-Weiß gepunkteten und den Grün-Weiß karierten Stoff rechts auf rechts aufeinander und nähen Sie sie an einer der langen Kanten zusammen. Bügeln Sie die Nahtzugabe anschließend auseinander.

**2** Schneiden Sie aus dem Rot-Weiß karierten Stoff einen ca. 8 cm x 6 cm großen Flicken mit der Zackenschere aus.

**3** Nähen Sie den Flicken auf die gewünschte Stelle per Steppstich auf.

**4** Legen Sie das fertige Stoffteil rechts auf rechts auf den Stoff für die Unterseite und schieben Sie an einer Schmalseite das Spitzenband dazwischen. Stecken Sie alles rundherum mit ein paar Stecknadeln fest. Nähen Sie die Teile mit einem Steppstich zusammen und lassen Sie eine kleine Wende- und Füllöffnung offen.

**5** Schneiden Sie die Ecken nahe der Naht schräg zu.

**6** Wenden Sie den Stoff auf links und bügeln Sie die Kanten und die Wendeöffnung glatt.

**7** Füllen Sie Watte in das Nadelkissen und nähen Sie die Füllöffnung mit ein paar Stichen zu.

**8** Nähen Sie die Knöpfe auf dem karierten Stoffflicken fest.

## Material

- **Baumwollstoffrest in Rot-Weiß kariert, ca. 20 cm x 14 cm (für die Unterseite) und ca. 8 cm x 6 cm (für den Flicken)**
- **Baumwollstoffrest in Rot-Weiß gepunktet, ca. 11 cm x 14 cm**
- **Baumwollstoffrest in Grün-Weiß kariert, ca. 10 cm x 14 cm**
- **Spitzenband in Lila, 2 cm breit, ca. 12 cm lang**
- **3 Knöpfe, ca. ø 3 cm, ø 2,5 cm und ø 2 cm**
- **Füllwatte**
- **Nähmaschine**
- **Zackenschere**
- **Nadel und Faden**

# Stoffbox

## Material

- Pappmaché-Box, 22,5 cm x 22,5 cm x 14 cm
- Baumwollstoff in Rot mit weißen Punkten, ca. 28 cm x 28 cm, und Türkis mit gelben Ornamenten, 87 cm x 18 cm
- 2 Ösen in Hellgrün
- Gummiband in Grün, ca. 16 cm lang
- Stoffknopf, ca. ø 1,5 cm
- Schrägband in Grün-Weiß kariert, 2 cm breit, ca. 68 cm lang
- Vliesofix®, ca. 50 cm x 120 cm
- Kordelrest
- Schleifenband in Rot-Weiß gestreift, ca. 8 cm lang
- Acrylfarbe in Türkis
- Lochzange
- Textilkleber
- Pinsel
- Papierklebeband, 4 cm breit, ca. 22 cm lang
- Nadel
- Cutter
- Klebstoff

**1** Schneiden Sie mit einem Cutter an einer Seite des Deckels rechts und links den Deckel auf und knicken Sie die Seite nach unten. Damit die Falzkante nicht einreißt, fixieren Sie diese zusätzlich mit einem Streifen Papierklebeband.

**2** Grundieren Sie die Innenseiten der Kiste und des Deckels mit Acrylfarbe und lassen Sie diese gut trocknen.

**3** Kleben Sie den Deckel mit der aufgeschnittenen Seite an der Kiste fest.

**4** Messen Sie alle Seiten des Deckels aus und zeichnen Sie die Maße auf das Vliesofix® auf. Bügeln Sie das Vliesofix® auf die Rückseite des roten Baumwollstoffes auf und lassen Sie es etwas auskühlen. Entfernen Sie das Schutzpapier und legen Sie den Stoff zunächst mittig auf dem Deckel auf. Bügeln Sie erst die obere Seite fest. Ziehen Sie dann die Seiten etwas straff und bügeln Sie diese dann ebenfalls auf.

**5** Messen Sie nun die Seiten des Kistenkorpus aus und zeichnen Sie die Maße plus einer Zugabe oben und unten von ca. 1,5 – 2 cm auf das Vliesofix® auf. Das Vliesofix® wie beschrieben auf den türkisfarbenen Stoff aufbügeln.

**6** Legen Sie die Stoffbahn so auf den Korpus, dass die beiden Enden auf der Rückseite der Kiste zusammenkommen und der Stoff oben und unten ca. 1,5 – 2 cm übersteht. Bügeln Sie die Stoffbahn Seite für Seite auf und ziehen Sie dabei den Stoff immer wieder etwas straff.

**7** Bügeln Sie die Stoffzugaben oben und unten um.

**8** Kleben Sie das Schrägband oben am Deckelrand mit etwas Klebstoff fest.

**9** Bohren Sie mit einem spitzen Gegenstand zwei kleine Löcher zur Befestigung des Knopfes. Fixieren Sie den Knopf mit einer Kordel, die Sie zuvor durch das Knopfloch gefädelt haben. Anschließend die beiden Enden durch die gebohrten Löcher der Kiste durchfädeln. Ziehen Sie die Kordel straff und verknoten Sie diese auf der Innenseite.

**10** Stanzen Sie zwei Löcher in ca. 2 – 2,5 cm Abstand zueinander in den Deckel. Befestigen Sie die beiden Ösen in den Löchern.

**11** Ziehen Sie das Gummiband durch die Löcher und verknoten Sie die Enden. Zum Verschließen der Kiste nun einfach das Gummiband über den Knopf ziehen.

72

### TIPP

**Etwas einfacher können Sie ein leuchtendes Bild mit einem Keilrahmen herstellen. Dafür den Keilrahmen gestalten und mit einer spitzen Schere Löcher für die Lämpchen in die Leinwand bohren.**

**Die Vorlage für den Stern finden Sie ebenfalls auf Seite 79.**

# Leuchtelemente

## Leuchtpfeil

**1** Übertragen Sie die Vorlage auf den Karton und schneiden Sie den Pfeil mithilfe des Cutters aus. Messen Sie die Seitenteile des Pfeils ab und schneiden Sie aus dem Karton 12 cm breite Rechtecke entsprechend der abgemessenen Seitenlängen zu.

**2** Grundieren Sie die Vorderseite des Pfeils in Türkis und die Seitenteile auf der Vorder- und Rückseite in Anthrazit. Lassen Sie die Farbe gut trocknen.

**3** Schleifen Sie die Seitenteile auf der Vorder- und Rückseite leicht an.

**4** Tupfen Sie etwas Stempelfarbe auf die Ränder und die Fläche des Pfeils sowie auf die Seitenteilen auf.

**5** Bohren Sie in gleichmäßigen Abständen die Löcher für die Lämpchen mit einer spitzen Schere in den Pfeil.

**6** Kleben Sie die Seitenteile mit Heißkleber so auf den Pfeil, dass diese vorne ca. 3–4 cm über den Pfeil hinausragen.

**7** Stecken Sie die Lämpchen von der Rückseite in den Pfeil. Das Batteriekästchen können Sie auf der Rückseite des Pfeils verstecken.

## Material Leuchtpfeil

- 2 Passepartout-Karton in Weiß, A3
- Lichterkette mit 20 LED-Lämpchen, batteriebetrieben
- Acrylfarbe in Türkis und Anthrazit
- Stempelfarbe in Braun
- Pinsel
- Lineal
- Cutter
- Heißkleber
- spitze Schere
- Schleifpapier, Körnung 120

Vorlage Seite 79

# Windlichter

## Material

- Marmeladegläser in verschiedenen Größen
- Kordel in Blau-Weiß gestreift, ca. 50 cm lang (pro Glas)
- Washi Tape in Blautönen, ca. 8 cm lang (pro Glas)
- Window-Colorfarbe in Dunkelblau oder Schwarz
- Acrylfarbe in verschiedenen Blautönen
- Pinsel
- Malerkreppband
- Schwamm-Stupfpinsel
- Schere
- Schleifpapier, Körnung 120
- Klebestreifen zum Fixieren der Vorlage

Vorlage Seite 78

### TIPP

Kleine Milchflächen verwandeln sich schnell in süßen Hängevasen. Einfach verschiedene Washi Tape Bänder um die Flaschen kleben und für die Aufhängung eine Kordel am Flaschenhals festbinden.

**1** Kopieren Sie die Vorlage und schneiden Sie die Zeilen aus. Legen Sie die Vorlage des Schriftzuges innen in das Glas und fixieren Sie sie mit einem Klebestreifen.

**2** Zeichnen Sie den Schriftzug mit Window-Colorfarbe nach und lassen Sie die Farbe gut trocknen.

**3** Entfernen Sie die Vorlage und kleben Sie den oberen Teil des Glases (ca. 3 cm vom Rand entfernt) mit Malerkreppband ab. Stupfen Sie blaue Farbe auf das Glas und entfernen Sie das Kreppband, solange die Farbe noch feucht ist. Lassen Sie die Farbe gut trocknen.

**4** Schleifen Sie die Farbe anschließend etwas ab und legen Sie die Farbe des Schriftzuges teilweise wieder frei.

**5** Schneiden Sie ein ca. 30 cm und ein ca. 20 cm langes Stück Kordel zu. Knoten Sie das lange Stück jeweils rechts und links an das kurze Stück. Dieses dient später zur Aufhängung.

**6** Binden Sie die Kordel um das Glas, fixieren Sie dieses zunächst mit einem Knoten und binden Sie anschließend eine Schleife. Schneiden Sie pro Fähnchen ein ca. 4 cm langes Stück Washi Tape aus und legen Sie dieses so um die Kordel, dass die Enden sich berühren. Drücken Sie das Tape fest zusammen und schneiden Sie das Ende spitz zu.

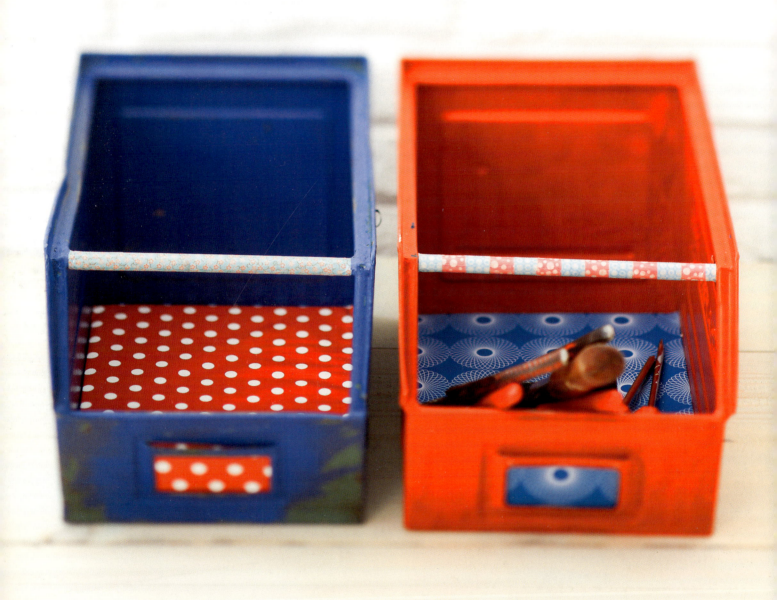

# Metallboxen

**1** Reinigen Sie die Metallboxen gründlich und glätten Sie evtl. Rost oder Farbreste mit Schleifpapier. Grundieren Sie die Metallboxen entweder mit Sprühlack oder streichen Sie diese mit Acryllack in der entsprechenden Farbe.

**2** Nachdem der Lack gut getrocknet ist, schleifen Sie die Box an den Ecken und Kanten mit Schleifpapier etwas an, um einen schönen Shabby-Look zu erhalten.

**3** Schneiden Sie für den Boden ein Stück feste Pappe zu. Schneiden Sie das Geschenkpapier ca. 1,5 cm größer als die Pappe zu und bekleben Sie die Pappe mithilfe von doppelseitigem Klebeband oder Sprühkleber.

**4** Legen Sie die Bodenverkleidung in die Metallbox. Schneiden Sie das Schild für die Beschriftung der Boxen aus Geschenkpapierresten aus und schieben Sie es in die entsprechende Öffnung. Alterativ können Sie das Papier auch z. B. mit Sprühkleber anbringen.

**5** Kleben Sie rund um den Griff bzw. die Verstrebung bunte Klebebänder auf. Zum Schutz werden diese zusätzlich mit transparentem Klebeband umwickelt.

## Material

- Metall-Lagerboxen, ca. 34 cm x 21 cm x 20 cm
- Sprühlack oder Acryllack in Rot und Blau
- bunte Klebebänder mit Blumenmuster
- transparentes Klebeband
- Geschenkpapier in Rot mit weißen Punkten und Blau mit Kreismotiv, jeweils ca. 26 cm x 23 cm
- Geschenkpapierreste, ca. 7 cm x 4 cm
- feste Pappe, ca. 23 cm x 19 cm pro Metallbox
- Schleifpapier, Körnung 120
- doppelseitiges Klebeband oder Sprühkleber
- Schere

## 78 Vorlagen

**Windlichter**
Seite 74
Vorlage bitte auf 200% vergrößern

Light my fire

Light is burning low

Shine on me

Fire my heart

Shine my little light

**Küchentablett**
Seite 54

**Holzschilder**
Seite 44
Vorlage bitte auf 200% vergrößern

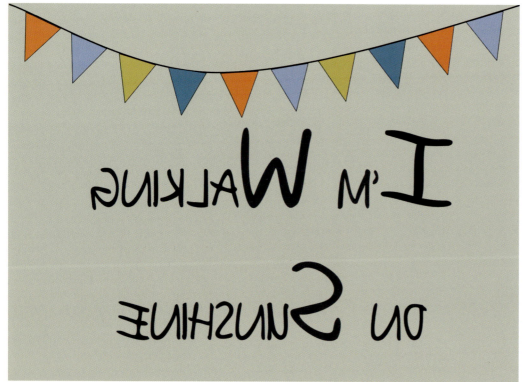

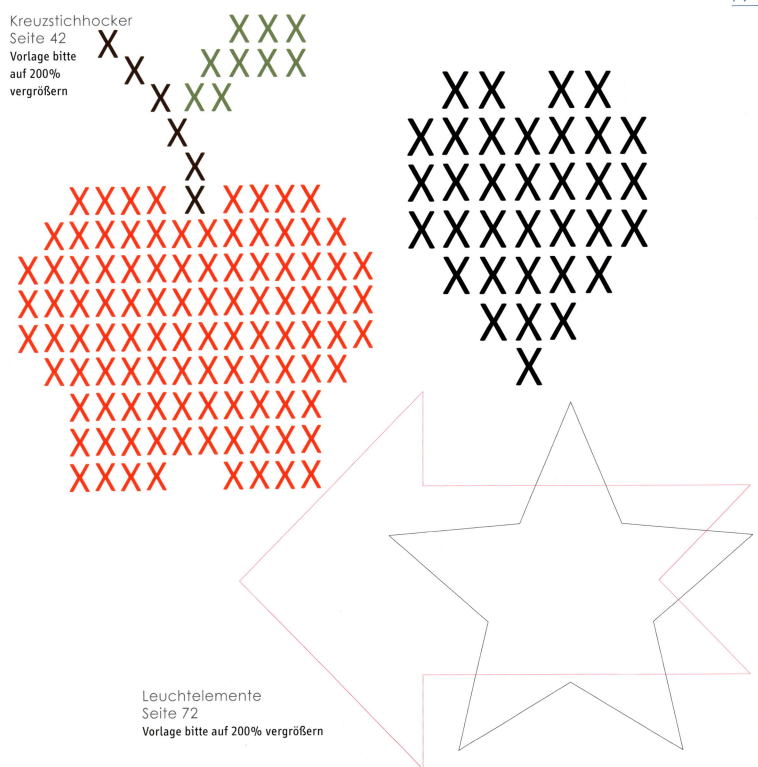

## Die Autorin

Patricia Morgenthaler, geboren am 25. Februar 1972 in Frankfurt am Main, arbeitet als Designerin frei nach dem Motto „Entdecke die Möglichkeiten". Hierfür lässt sie sich durch verschiedenste Materialien inspirieren. Ob Holz, Filzwolle, Stoffe aller Farben und Muster, Naturmaterialien – eigentlich ist nichts vor ihr wirklich sicher.

Die Designerin fertigt unter dem Label „Rosenfee" und „Retro-Liebe" mit viel Liebe handgemachte Wohnaccessoires und Kleinmöbel an.

Einem breiten Publikum ist sie als Wohn- und Deko-Expertin u.a. in der TV-Sendung „Kaffee oder Tee" im SWR-Fernsehen bekannt.

Wer mehr über die Autorin und Designerin erfahren möchte, findet unter www.patricia-morgenthaler.de weitere Informationen.

**Danke!**
Ganz herzlich möchte ich mich bei den Firmen Gütermann creativ–KnorrPrandell in Lichtenfels und Rayher Hobby in Laupheim für die freundliche Unterstützung mit Materialien bedanken.

---

Hilfestellung zu allen Fragen, die Materialien und Kreativbücher betreffen: Frau Erika Noll berät Sie. Rufen Sie an: 05052/911858* *normale Telefongebühren

## IMPRESSUM

**FOTOS:** frechverlag GmbH, 70499 Stuttgart; Patricia Morgenthaler (Schrittbilder); lichtpunkt, Michael Ruder, Stuttgart (alle übrigen)
**PROJEKTMANAGEMENT:** Mariel Marohn
**LEKTORAT:** Susanne Pypke
**LAYOUTENTWICKLUNG UND REIHENGESTALTUNG:** Katrin Röhlig
**SATZ:** Katrin Röhlig und WS – Linke, 76185 Karlsruhe
**DRUCK UND BINDUNG:** GRASPO CZ, a.s, Tschechien

Materialangaben und Arbeitshinweise in diesem Buch wurden von der Autorin und den Mitarbeitern des Verlags sorgfältig geprüft. Eine Garantie wird jedoch nicht übernommen. Autorin und Verlag können für eventuell auftretende Fehler oder Schäden nicht haftbar gemacht werden. Das Werk und die darin gezeigten Modelle sind urheberrechtlich geschützt. Die Vervielfältigung und Verbreitung ist, außer für private, nicht kommerzielle Zwecke, untersagt und wird zivil- und strafrechtlich verfolgt. Dies gilt insbesondere für eine Verbreitung des Werkes durch Fotokopien, Film, Funk und Fernsehen, elektronische Medien und Internet sowie für eine gewerbliche Nutzung der gezeigten Modelle. Bei Verwendung im Unterricht und in Kursen ist auf dieses Buch hinzuweisen.

1. Auflage 2013
© 2013 frechverlag GmbH, 70499 Stuttgart

ISBN 978-3-7724-5943-6
Best.-Nr. 5943